Palabras simples palabras

Diego Corona

Palabras simples palabras

ImagiLab

Primera edición, febrero 2023

PALABRAS, SIMPLES PALABRAS

Copyright © 2023

Diego Corona

Publicado por:

ImagiLab

+1 702 559 5156

imagilab.us

info@imagilab.us

Las Vegas, Nevada.

Estados Unidos de América.

DEDICATORIA

A las personas que fueron importantes, mi modelo de inspiración, mis musas de juventud, amores platónicos, amores secretos, amigas de siempre, amigas de un día.

A ti que aún estás, a ti que te fuiste, a quien nunca conocí, a ti, incondicional.
Pero principalmente a mi primera novia, con quien comenté este sueño. La primera inspiración.
A mi esposa, que continuó este proceso por muchos años. La musa para hacerlo realidad, y a la última que inspire a seguir escribiendo hasta el final de mis días.

AGRADECIMIENTOS

A mi padre, que me apoyó a estudiar y superarme.

A mi madre, que me dio la vida y no la conocí (porque se marchó muy pronto), mas sé que me hubiera apoyado, pero lo hace desde el cielo.

A mis herman@s, que me sacaron del pueblo y estuvieron en mi niñez y juventud, los que me trajeron hasta aquí (USA), junto con los cuñados.

A la mamá de mis hijos, quien ha sido muy importante en diferentes momentos de mi vida.

A mis tres hijos, y deseando sean mejores que sus padres y en un futuro mis nietos.

ÍNDICE

INTRODUCCIÓN

"Palabras, simples palabras" es mucho más que un libro de poemas. Es un auténtico derroche de talento, romanticismo y nostalgia, rodeado de una atmósfera bohemia, que retrata perfectamente la vida del poeta enamorado, que encuentra su musa en cada puerto visitado.

El ingenio y la gracia con que fueron escritos los versos de este libro, hacen que, en ocasiones se dibuje sutilmente una sonrisa, o se asome, tímida, una lágrima fugaz.

Este libro es una extraordinaria compilación de poemas del autor mexicano Diego Corona, quien con su especial estilo, a veces en rima, otras en verso libre, nos habla del amor, de la vida y la muerte. Su pluma desborda calidad, sus versos son afilados y mordaces, aunque también pueden ser cínicos, críticos, románticos y profundos.

En un mundo frío, donde el romance ha perdido la batalla, este libro de poemas se levanta como un faro para guiar el camino de aquellos enamorados que se niegan a dejar de soñar con los versos del alma.

Palabras simples palabras

De mí para tí

Sólo una mujer madura
puede entender al poeta
y tengo abierta la puerta
sea de noche o de día
¿Quizá por eso estoy sólo?
Eso aún no lo sé
y la compañía la añoro
y jamás pierdo la fe
el día que alguien comprenda
que la poesía es bella
espero ella me entienda
si la inspiración me llega
y puedo escribir a ella
como te escribo a ti
mas ella es una estrella
y tú te encuentras aquí
y si tú estás conmigo
será porque eres valiente
compartirás mi camino
seremos uno por siempre.

Aunque ya no estés

Hoy recorrí los lugares
donde estuvo tu presencia,
es que quiero recordarte
y sentir de nuevo tu esencia.

Pero si vuelvo a mirarte
hacia tus brazos correré
porque cuando tú te fuiste
al corazón jamás se lo conté.

Por eso recorro esos lugares
a imaginar que te tengo
no importa el sol de primavera,
el duro frío de invierno.

Ni mucho menos que llueva,
recorro el pequeño parque
o el centro de la ciudad
para poder recordarte.

Pero solamente encuentro
una inmensa soledad
porque te llevaste todo
y te quiero olvidar a diario.

Pero te recuerdo más
yo no sé si volverás
y cada cosa y lugar
me dice que estas aquí.

Pero cual hoja de otoño
el otoño nos llegó
y te fuiste tú de mí
y entonces todo murió.

El día que te perdí

Cuanto me amaste un tiempo
pero yo te desprecié
y quise buscarte un día
pero ya no te encontré.

Ese día que te perdí
te busque en un cielo azul
y todo se oscureció
te dibuje en un papel
y el viento se lo llevó.

Te imaginé en mis sueños
más, de pronto desperté
también llamé por tu nombre
y nada me contestó.

No sé si fui poco hombre
pues por mi culpa, todo acabó
que solo me encuentro ahora
no tengo a quien escribirle
ni tampoco a quien contarle,
podría hacerlo al viento
pero no me escuchará
podría escribir a un ave
pero ella no los leerá.

Voy a inventar un amor
a quien le escriba mis versos
y una boca diferente
que borre todos tus besos.

Voy a inventar quien escuche
y cantaré mis canciones
conoceré otras pasiones
al fin que tú ya te fuiste
y después, si nadie escucha
inventaré otra mujer
le llamaré "Soledad"
tal vez no sabrá leer
tal vez no sabrá escuchar
pero me comprenderá
ya no estaré tan solo
porque ella y los recuerdos
van tomados de la mano
y viviré de recuerdos.

Ya no cantaré canciones
ni escribiré más versos
y no inventaré mujeres
esa era toda mi vida
tal vez me mate yo solo
tal vez la culpa tu fuiste
pero al fin se acaba todo
y tu vendrás a seguirme.

Hoy me vuelvo a enamorar

Por favor, ahora vete
¿Qué gano al estar contigo?
Si ya no estás en mi mente
y cada palabra que digo
mi corazón no la siente,
no sé cómo se enteró,
pero un día sin pensarlo
por ti ya jamás latió.

Vete, que así es mejor
quiero siempre recordarte
como mi más grande amor,
como un día llegué a amarte
y fue el tiempo mejor,
tú sabes cuánto te quise
y siempre estoy consciente
por todo lo grande que fuiste
quiero recordarlo siempre,
pero, por ahora vete
otra ocupo tu lugar
yo quise ser el más fuerte
mas no me puedo engañar.

Me he enamorado de nuevo,
el amor volvió a llamar
quise sacarla al momento
pero se metía más
ya no se a cuál más quiero
porque para mí aquello
jamás lo podré olvidar,
pero el amor tocó mi puerta,
hoy me vuelvo a enamorar.

A mi primer amor

Mi primer amor y no te quiero
¿Por qué si estás a mi mano?
¿Por qué si tú estás tan cerca,
te siento en mí tan lejano?
Como la tierra al cielo
y de ti, yo todo espero
pero a ti, ya nada siento.

Y si te digo "te quiero"
también te diré "te miento"
no puedo seguir contigo
tal vez esto sea cruel
pero quiero ser tu amigo
pues no te puedo ser fiel
será mejor terminar.

Esto no es un castigo
como no te puedo amar,
mejor quiero ser tu amigo.

Fin de semana

Escuchando un día a Bronco
con este fin de semana
y que me ocurre de pronto
sin que yo me lo esperara.

Tu viajaste de muy lejos
era una tarde soleada
y de noche, sin complejos
nos llegó la madrugada.

Y las carnes en su jugo
esa tarde la comida
y de noche una bebida
celebrar verte de nuevo.

Y fue muy corta la noche
pues seguía domingo y misa
mas eso no es un reproche
pues se disfrutó sin prisa.

Y Hollywood fue testigo
de fotos sin publicar
ya de noche a celebrar
día de fiesta, luces y brillo.

El lunes fue de descanso
la noche no terminaba
y aún de día ese cuarto
seguía el fin de semana.

Y volaste de regreso
las luces de L.A.X.
de despedida fue un beso
y esperar volverte a ver.

Alicia

Un día escribí "jamás"
sin pensar que nuevamente
me volvería a enamorar,
ha pasado tanto tiempo
que mi inspiración se fue,
más mi delirio por ti
me demostró que esa vida
sólo fue un compás de espera
de mi juventud bohemia
la que impediste que muera.

Hoy por ti vuelvo a escribir
como en mis días dorados
eres el mejor motivo
que me hace gritar te amo,
y la razón de vivir
en este largo camino
donde nos juntó el destino
para nunca más sufrir.

A ti, mi pequeña Alicia
la llama de mis inviernos
y en el verano la brisa,
la risa de mis enojos
mi más hermoso tesoro
mujer que tanto añoro...

Chiquilla de grandes ojos
quisiera entrar en tu vida
como te encuentras en mí
y reflejarme en tus ojos
y sonreírme también.

Este poema es tan poco
para decir lo que siento
de este corazón tan loco
y por ti mi amor inmenso.

¿Qué más da, si el sol no sale?
Si tu iluminas mi vida
¿Qué importa ya la luna?
Y la noche sin estrellas.

Contigo aprendí que el viento
trae las cosas más hermosas
aprendí a decir te amo
y que la lluvia es romántica
que el amor nace en verano
y que la nieve es más blanca,
que, si no te veo, te extraño
y que olvidarte a ti, nunca.

Libertad

Hoy no contaré de amor
hay millones que lo hacen
diario lo canta el cantor
y además todos lo saben.

Hoy quisiera confesarles
lo que mucha gente calla
y quien se atreve y habla
es como el peor de los males.

Hermanos que matan diario
porque gritan libertad
su deseo es la justicia
sus derechos son verdad
¿Y qué hacemos para ayudarles?
¿Somos ciegos o cobardes?
¿Somos gente o animales?

Existen en todas partes
dictadores de su pueblo
que hablan de democracia,
de libertad y patriotismo
y no inician en su casa
en contra del estudiante
del obrero y campesino
de la juventud pensante
llamándole, terrorismo…
En nombre de muchos nombres
y en lugares distintos
los hombres siempre los hombres
los mismos siempre los mismos.

Asesinos de su raza,
Libertad es la palabra
que en veces se encuentra presa
y en otras también se calla.

Por el derecho a vivir
en nombre de ellos siempre
libertad quiero decirte
que te volveré a escribir.

Mi último poema

Paloma que vuelas lejos
dile así cuando la veas
que ella se encuentra aquí
en el lapso de silencio
que me invade cada día
y en la noche solitaria
donde llega la nostalgia
de un poeta bohemio
que escribía su inspiración
a causa de una chiquilla
y hoy no le puede escribir
porque ya no está con ella.

Mi poema ha concluido
y el recuerdo ha iniciado
hoy ya no tiene sentido
si ya no estoy a tu lado,
por eso, verso tras verso
no puedo hacerlos que rimen
y los hago que terminen
cuando apenas los comienzo.

Por eso vuela paloma
dile que cuando marché
la causa de mi poema
no me la pude traer,
solo el recuerdo me traje
mi inspiración se aleja
y lo bohemio me invade
al saber que no estás cerca.

Paloma, esto fue todo
no pude escribir ya más
aunque quiera ya no puedo
no escribiré ya jamás.

Navegando

Hoy me alejo de esta playa
porque el sol ya no me quema,
un día me acosté en su arena
siendo testigo una estrella
y el alba nos despertó
bajo aquel cálido verano,
pero un día terminó
y aunque todavía te extraño
a otro amor busco yo.

Me voy por el mismo mar
a un lugar desconocido.
tal vez vuelva a naufragar
pero no vuelvo contigo
aquello fue una aventura
solo un lapso en mi viaje
pero ahora no te traje
pues mi viaje aún perdura,
el tuyo ha terminado
tu sol bajó de calor
yo viajo en busca de amor
y a otro puerto he marchado.

Mi amor está en verano
a ti te llegó el otoño
ya no habrá un próximo año
pues no regresa el pasado...

Mientras viajo en mi velero
y el verano es mi estación
ya navegué en primavera
mientras dure mi pasión.

Mi amor es de marinero
no te dejaré tan sola
espera el amor desde hoy
porque en ola tras ola
vendrá como yo me voy.

Una noche contigo

Allá donde el sol no mira,
cuando el silencio es testigo
del suspiro y las caricias
que se funden en la noche,
sin hablar se dice todo
y en vez de soñar, se vive
lo que el poeta escribió,
mientras duermen las estrellas
y el alba espera un momento,
mientras todo es fantasía
y todas las cosas bellas
se contemplan en silencio
mientras nace el nuevo día.

Fue una noche sin cuartel
y el ganador somos dos
como la primera vez
ninguno pudo vencer.

Fue una noche que la luna
No vigilaba en las sombras
y se encendieron dos llamas
y se unieron en una.

Así como mar y espuma
que no pueden separarlas
ni siquiera el nuevo día
pudo romper el instante,
ya la luz nos invadía
nos dijo ya es bastante
sin una palabra el sol
dije antes de levantarme
esto no entiende el amor
y entonces volví a embriagarme.

Hoy

Hoy te voy a conquistar
porque te sueno a diario
que ya no puedo esperar,
mi vida es cual calvario
donde te cargo yo a ti
hoy no puedo continuar
y te lo voy a decir,
pero ya no en silencio
donde solo yo escuchaba,
hoy mostraré lo que siento
cuando yo no te miraba,
cuando te tenía cerca
o te veía partir.

Te lo diré con los ojos
o tal vez al sonreír,
hoy mis cansados brazos
los abriré para ti
y el corazón solitario
hoy volverá a vivir,
hoy te voy a conquistar
con mis cosas más sencillas
y los pequeños detalles
que me invento cada día.

Hoy mi vida cambiará
y tú serás la culpable
mi corazón hablará
y no podré hacer que calle.

Tú serás mi inspiración
de canciones y poemas
o de soledad y penas
de acuerdo con tu decisión
tú serás la llama ardiente
o la escarcha en mis noches
te olvidaré sin reproches
o te querré para siempre.

Hoy pasarás en mi vida
sin haberte detenido
o tal vez para quedarte
y yo que he querido
no dejaré que te marches.

Hoy te voy a conquistar
y que se entere la noche
que al fin enterada estaba
y la luna y las estrellas
sabían cuánto te amaba.

Hoy el día es más largo
y la noche será corta
para escuchar de tu boca
todo lo que yo he deseado.

Palabras, simples palabras

Palabras, simples palabras
imposible escapar de ellas
cuán terribles son
mas, sin ellas no hay canción
canciones crueles o bellas
todas echas de palabras.

Palabras, simples palabras
que poseen música propia
que claras, vivas y crueles
y cuando menos lo quieres
te hieren en carne propia.

Palabras, simples palabras
que dan forma definida
que al mundo han conmovido
porque él ha comprendido
que sin ellas no hay vida
si no escuchamos palabras.

Tal vez ¿para qué vivir?
cuán horrible han de sufrir
quien no escucha ni habla
hay que decir mil palabras
si un día queremos cantar,
y si amar es nuestro anhelo
hace falta un te quiero…

Simplemente para amar
las palabras son recuerdos
que nunca se olvidarán
aunque los creemos muertos
en la mente vivirán.

Las palabras van al viento
mas nunca desaparecen
pues al cabo de algún tiempo
en la mente permanecen
palabras, simples palabras
imposible escapar de ellas.

Cantares

Cantándote a ti mi vida
mi vida te cantará
porque cantar sí que es vida
mi vida cantar será.

Por eso, te cantaré una canción
que hable de amor y alegría
porque sé que eres mía
y estás en mi corazón.

Cantares es lo mejor
y lo mejor de un canto
es contarle al amor
y jamás cantar de llanto.

Que cante el mundo así quiero
tal vez termine la lucha
y será un día de dicha
cuando cante el mundo entero.

Cantemos juntos amigos
un canto a la humanidad
y sembremos amistad
cantando todos unidos.

Recuerdos

¿Recuerdas el primer día?
Era enero veintiuno
todo era fantasía
los dos formábamos uno,
fue también el primer beso
que nos dimos con pasión
y preciso en un camión
¿Recuerdas tú también eso?
¿Y aquel atardecer?
Tal vez el día más bello
pues tu amor viste nacer
más, no todo es brillo de sol
también hay noches oscuras
porque así es el amor
alegrías y amarguras.

¿Y aquella tarde en el parque?
tú me dijiste "te quiero"
yo también sentía quererte
fue una tarde de febrero
jamás podré olvidarte.

De regalo fue un anillo
no fue fácil que aceptaras
deseabas algo sencillo
simplemente que te amara.

¿Recuerdas la noche aquella?
Era un treinta de abril
la culpa no fue de ella
yo fui quien te hizo sufrir.

Jamás creí que llorabas
yo también lloré por ti
tú, porque me amabas
yo, porque te perdí.

Todo empezó en invierno
y en invierno terminó
no te quise por cuanto te quiero
lo único que me queda
es esa fotografía
y el recuerdo inolvidable
de que un día fuiste mía.

El recuerdo está en la mente
olvidar nunca dejamos
el pasado está presente
y jamás lo olvidaremos.

Cuando llora el corazón

Llora corazón
como llorara un día, aquel amor por ti
llora y dile; que por fin la quieres tú
llora corazón, para que vea
que es amor lo que hay aquí
que, sin ella, ya no podrás vivir
dile que escuche esta canción
que sepa cuán grande es este amor
y una rosa por fin le cortarás
y aquel te quiero tampoco ha de faltar.

Y si llorando no acepta este amor
y si cantando no escucha tu canción
entonces todo este amor
y sobre todo esta gran pasión
que, jamás podré calmar si no estás tú.

Mi vida será solo ilusión
mi corazón por fin se callará,
jamás podré escribir otra canción
pues sin ti, mi amor hoy morirá.

Pero, si aceptas mi perdón
y volver juntos los dos
formaremos un solo corazón
porque hoy si siento amor por ti,
tal vez pensarás que miento

mas, cuando leas mis versos
y comprendas lo que siento
sentirás ahí muy dentro
que aún persisten mis besos.

Otro amor requiere llave
que pueda abrir esta puerta
para ti más ya no se abre
pues ya se encuentra abierta
y si tú te encuentras sola
vuelve a ser lo que antes fuiste
yo seré quien soy ahora
y jamás estarás triste.

Y si no quieres creerlo
sabrás como soy ahora
pero tu estarás muy sola
para poder comprenderlo
cuanto sufro sin tu amor
como un día tu sufriste.

Como llora el corazón
como un día tu lloraste
y si algún día tú decides
de volver aquí conmigo
que te quiero no lo olvides
quiero ser más que tu amigo.

Orgullo

Cuando ya me encuentre lejos
y no puedas más mirarme
vas a extrañarme en silencio
porque el orgullo te impide
gritarlo a los cuatro vientos.

Cuando recuerdes mis besos
y mi forma de entregarme
vas a extrañarme en tu alcoba
donde nadie pueda verte
aquellas noches de entrega
que se quedaron por siempre.

Cuando estés en los lugares
y no me encuentre contigo
vas a extrañar con tristeza
todos aquellos recuerdos
más los guardarás muy dentro
donde nadie pueda verlos.

Pero tu maldito orgullo
te hará sentirte triunfante
y dirás en tus adentros
que tú nunca me gustaste,
que yo era el que te seguía,
que tú nunca me buscaste.

Pero recuerde señora
que yo le di su lugar
y que en hora tras hora
no volverá a encontrar
otro tonto como yo,
que junto a la vida mía
casi todo le ofrecí
y que incluso hasta le di
más de lo que merecía.

No encontrará en algún tiempo
quien le haga el amor igual
entonces me va a extrañar
y no me dirá que miento.

Tal vez nadie va a saber
que usted fue más que mi amiga
pero que ya esta vida
se fue para no volver.

Jamás lo sabrás

¿Por qué me empeño en buscarte
sabiendo que no te encuentro?
¿Por qué te sigo, sabiendo
que no podré alcanzarte?

Le decía a mi almohada
en cada amanecer
que quisiera en vez de ella
que mejor tú estés,
porque quiero aprisionarte
y no dejarte escapar
pero te amo y soy cobarde
y tu jamás lo sabrás.

Te venero en silencio
como si fueras un santo
te tengo en un altar
como una virgen y reina
y te tengo aquí, muy dentro
y tu jamás lo sabrás.

Te quiero así, en silencio
como solo se amar
más inmenso que el mar
y tan fuerte como el viento
es mi forma de quererte
y tu jamás lo sabrás.

Eres

Me perdí en mil lugares
tropecé con tantas piedras
me embriagué con las botellas
conocí muchos amores.

Fui un loco caminante
cambiando siempre de amigo
fui un bohemio perdido
cambiando siempre de amante.

Me bañé en muchos ríos
navegué por siete mares
recorrí grandes caminos
y volé por todas partes.

Pero, un día tu linda cara
me sacó de ese abismo
donde vi el agua más clara
y no miré ya lo mismo.

Y de pronto mi jardín
se llenó de muchas flores
y tuve que darles fin
a esos viejos amores.

Hoy te he vuelto a escribir
por ser así como eres
eres la rosa blanca
que siempre quise cortar
y por más que la buscaba
no la podía encontrar.

Eres la playa virgen
que jamás yo conocí
el aire que no respiro
y el agua que no bebí.

Eres la diosa de plata
que siempre quise adorar
la estrella que me faltaba
y la chica angelical.

Eres quien siempre soñé
la mujer que yo esperaba
de todas la más hermosa
y de ti me enamoré.

Mi sueño realidad

Sin buscarte te encontré
porque el destino lo quiso
y de ti me enamoré
aunque no te lo haya dicho.

Así tan pequeña y sencilla
no sé cuánto te esperé
así de alegre y bonita
fue como te deseé
así de elegante y altiva
como quiera te encontré.

Soy un cobarde, un idiota
y un estúpido inexperto
que no sabe atraparte
que siempre sueña despierto
en vez de poder conquistarte.

Un día más ya no puedo
quedarme sin este sol
un día más yo me muero
si no consigo tu amor.

Mi gran amiga

Soledad, mi gran amiga
hoy te voy a abandonar
tú que fuiste el testigo
de todo lo que he sufrido
de lo poco que he ganado
de lo mucho que he perdido,
aquellas horas amargas
mis ratos de alegría
mis días y noches largas
mi vida, mi fantasía.

Tú que conociste todo
tú que no me abandonaste
a ti soledad amiga,
ahora voy a dejarte
iniciando el nuevo día
voy a buscar un motivo
que me traiga la alegría
que yo no tuve contigo.

Soledad, mi gran amiga
te llevaré en mi memoria
tal vez te vuelva a encontrar
mientras tanto, amiga mía
me volveré a enamorar.

Deja decirte te quiero

Deja decir María Luisa
esto que fue sólo un sueño
que me hizo ver la verdad
y comprender lo que siento.

Deja decir que la noche
no supe si era oscura
si era brillante o con bruma,
pues todo fue un derroche
nos alumbraba la luna
desde allá el infinito
y te disfrute un ratito
desde ahí desde mi cuna.

Deja decir que durmiendo
no sentí correr el tiempo
porque estando dormido
creí que estaba despierto,
es que miré tu figura
con tu inocente frescura
jugando entre las nubes.

Deja decir que este día
no me despertó la aurora
y dormí hora tras hora
viviendo mi fantasía
porque le grité al cielo y a ti
sin que escucharan
cómo y cuánto te quiero.

Deja decir finalmente que,
hoy pronuncié tu nombre,
ya me invadía el alba
ya mi mente estaba abierta
lo pasado fue un sueño
pero una cosa era cierta
volví a decir, TE QUIERO.

Dilema

Sé que estás en un dilema
que tal vez te sea difícil
para ti hablar de este tema,
sé que tendrás que elegir
y decidir tu destino
de mí, te quiero decir
que ya escogí mi camino
y en ese te encuentras tú.

Te elegí entre no sé cuantas
sabiendo que no eres libre
te busqué, aunque quizá
esto sea un imposible,
seguí adelante, incluso
que el perfume de tu cuerpo
lo esté respirando otro hombre,
que el aroma de tus flores
ya no es como era entonces
que tu juventud tan fresca
se la haya llevado el tiempo.

Te elegí sabiendo todo
terminé mis aventuras
y me hice a tu modo
a pesar de aquellas dudas.

Te elegí entre no sé cuantas
dejando atrás mi pasado
hoy que somos diferentes
en ti queda tu destino
seguir siendo como antes
o seguir por mi camino.

Extrañándote

Si cuando aún eras mía
de ti no tenía nada
ahora que te has marchado
todo se encuentra en casa
el aroma de tus flores
lo encuentro en toda la sala
y la casa ya no tiene
el color que tú le dabas.

Ahora que te has marchado
el tiempo se ha detenido
las noches no se hacen días
los días se ven nublados
el perfume de tu cuerpo
el sonido de tu risa
los extraño y los recuerdo
como jamás en mi vida.

Mi mejor aventura

Me miento al decir que te olvidé
y hago el amor a cada instante
y vuelvo a conquistar en cada noche
sintiéndome un Don Juan y un amante.

Me engaño al decir que no te quiero
y beso una boca que no es tuya
y de nuevo al despertar de ese embrujo
me doy cuenta de que aún tengo tu huella
fuiste mucho más que una amante
mucho más que una simple aventura
en tus noches de entrega desmedida
que me diste tu cuerpo, alma y vida
y me amaste con toda tu locura.

Será difícil decir que te has marchado
que encontré a otra en tu lugar
que he borrado ahora mi pasado
y de nuevo me he vuelto a enamorar
sé que no voy a encontrar a otra amante
que se entregue sin freno y sin medida
me traiciono si digo en este instante
que ya no tengo ahora aquella herida
tú de mi te enamoraste en exceso
y me miento, me engaño y me traiciono
si después de haber tenido eso
yo no digo que hoy también te extraño.

Mi pequeña princesa

A ti, mi pequeña princesa
quiero decirte con versos
lo poco que te conozco
lo mucho que te aprecio
el valor de tu riqueza
y lo poco que te ofrezco.

Tu esencia es de reyes
y tu nombre angelical
y tu mi pequeña princesa
tan inmensa como el mar.

Te voy a dar cada día
un detalle pequeñito
inventaré un motivo
si es que te encuentras lejos
para traerte conmigo.

Te voy a dar cada tarde
siempre algo diferente
y decirte sin palabras
que te extraño simplemente.

Te voy a cantar de noche
la canción que más te agrada
a tu pelo color trigo,
a tus ojos color agua
por ti mi pequeña princesa
la noche hoy es más clara
la luna brilla más fuerte
el cielo más estrellado
y en ti te dejo mi suerte.

Una rosa diferente

He conocido una rosa
imposible de encontrar.
jamás vi otra en la tierra
ni en lo profundo del mar,
ella nació en primavera
como las flores de abril
es la flor más blanca y bella
que jamás yo conocí.

Yo no ser quién eres tú
solo el viento lo sabe
la luna, el rio y su cause
y el inmenso cielo azul
el viento va a cualquier parte
y me dijo el motivo
que toma cualquier camino
para poder conquistarte.

La luna cuida de noche
el aroma y tu frescura
para que nadie se robe
el valor de tu hermosura.

El rio dijo que tú eres
la rosa camino al mar
que nunca el cauce y sus redes
la pudieron atrapar...

Me dijo que tiene celos
el inmenso cielo azul
porque el sol lo mira menos
desde que llegaste tú.

No soy la luna ni el viento
ni el rio, ni el cielo azul
sin embargo, si te miento
si es que no me importas tú.

Mas, mi manera de ser
me impide ver la salida
de llegarte a conocer
diferente que una amiga.

Pienso en ti

Pienso en ti si es que duermo
te recuerdo si no estás
y aun cuando te vas
se queda aquí tu recuerdo

Pienso en ti por la mañana
en tu pelo de oro fino
y el sol en mi ventana
te trae temprano conmigo.

Pienso en ti al nacer la aurora
en tus ojos color miel
y el rocío y la frescura
traen tu recuerdo otra vez.

Pienso en ti si el día es brillante
también cuando el sol se oculta
porque llegaste a mi ruta
y te quedaste para siempre.

Tú te adueñaste de todo
de mis horas, días y noches
pero el día que tu llegaste
dejé de sentirme solo.

Tú te robaste mi tiempo
y una parte de mi vida,
yo, solo el atrevimiento
de sonar que serás mía.

Tu primera vez

Recuerdo el día del primer beso
y como todo, jugando comenzó
después, nos invadió el silencio
y ese fue el inicio del amor.

Recuerdo la noche de tu entrega
me pregunto: ¿Qué fue lo que hice yo?
Que en otoño tu fuiste primavera
y me entregaste así, tu blanca flor.

El color de los pétalos cambiaba
y mostraban de ti una gran virtud
ya no eras la niña acostumbrada
comenzaba ese día tu juventud,
preguntabas si sólo habías soñado
esa misma pregunta hacia yo
y en mi cuerpo, tu huella habías dejado
y el color de tus sabanas cambio.

Allá afuera la noche transcurría
más nosotros paramos el reloj
y viajamos de nuevo a las estrellas
otra vez en busca del amor
y de pronto llegó el nuevo día
nos mostraba que todo terminó
y olvidamos lo que allá afuera ocurría
y de nuevo hicimos el amor.

Simplemente tú

La noche y la luna de octubre
me hacen decir lo que siento
que fue mucho el tiempo que estuve
esperando llegara el momento
jamás pude ser más discreto
todo el mundo ya sabía
fue difícil ocultarlo
ya eras parte de mi vida
ya eras parte de mi historia
de mi pasado y presente.

Siempre fuiste un gran motivo
que me hizo ser diferente
te encuentras en todas partes
tu nombre está en la arena
y el mar al amanecer te lleva
y por la mañana, aquí te vuelve a traer.

Te miro en mil lugares
las flores hablan de ti
la noche sabe quién eres
y el mar te vio junto a mí,
las rosas me tren tu nombre
el sol, el cielo, eres tú
y desde enero a diciembre
y veinticuatro horas tú.

No te prometo

Lo siento no te prometo
la luna ni las estrellas
prometo antes de muerto
brindarte mil cosas bellas
y que juntos compartamos
las cosas más cotidianas,
darte un beso en las mañanas
demostrar que nos amamos.

Una rosa un día cualquiera
y caminar de la mano
en un día de primavera
o en la playa en verano.

De noche mirar el cielo
y de día el amanecer
y contigo siempre quiero
jamás dejar de aprender,
pues la vida es solo una
y así recorrer el camino
y si lo quiere el destino
si te llevo hasta la luna.

Angie

Si te escribo lo que siento
es que me sale del alma
y ahí mi ego no manda
y ni siquiera lo pienso.

Lo que escribo es muy mío
quizá alguien piense que miento
muchas veces me arrepiento
y ese es siempre mi martirio
el ser poeta y loco.

Me sale del corazón
otras tantas me equivoco
más es parte de mi pasión
no sé cuántas veces lo haga.

No soy dueño del futuro
lo que sí es muy seguro
de ti depende si acaba
porque eso es lo que me inspira
para escribir lo que siento
y expresar mi sentimiento
cada vez que yo te miro.

Quizás nunca lo valores
y yo solo sea tu amigo
quizá, jamás te enamores
aun así, yo te escribo
aunque esto es una parte mía
no me lo quedo conmigo
es tuyo, es solo exclusivo
y es parte de mi alegría.

Angélica

Se acerca un bello día
y no solo es cada año
viene de días de antaño
y es un día de alegría,
no te conozco aún,
pero esto hay que anunciarlo
pues no es un día común
y esto hay que celebrarlo.

Si no me encuentro a tu lado
no importa, el día es tuyo
y a mí me dará orgullo
como lo hayas festejado
y si me encontrara lejos
te mantengo aquí muy cerca
te mando abrazos y besos
y el celular es la puerta.

Disfruta con los que amas
y que nunca se termine
con todo el que te estime
como si no hay mañana
tu eres la numero uno
y tu día el veintitrés
el séptimo es tu mes
y este año como ninguno.

Hombre de Fe

Sigo siendo hombre de fe
pero ahora en privado
y si no me ves tocando
ahora estoy escribiendo
no es que me haya alejado
y mi fe sigue intacta
y en vez de cantar, escribo
siguiendo aquí, en tu camino
y de eso nadie me aparta.

También me diste un gran don
tú sabes por qué lo hiciste
y ahora puedo escribirte
que también es mi pasión
el hombre de fe aún existe
yo no sé, nunca se ha ido
preguntan por qué te fuiste
no saben que estoy contigo.

Es bonito y un placer
estar en el escenario
más he decidido crecer
y ahora te escribo a diario
sigo siendo hombre de fe
y nunca me he retirado
y a donde quiera que esté
te llevaré a mi lado.

Las bellezas de Dios

Cuánta claridad se ve en el cielo
solo Dios pudo crear esta belleza
y es ahí en la naturaleza
donde se encuentra Dios, así lo creo.

Mirar los llanos aún sin flores
y aún las montañas del desierto
mirar que se pintan de colores
y pensar que tú creaste esto.

Despertar y mirar cada mañana
el nevado creado por tu mano
y soñar subir esa montaña
y sentarme en el cielo siendo humano.

Y te admiro en las cosas pequeñitas
o al surcar las nubes en avión
y esperar si un día tú me invitas
a tu casa sería mi ilusión.

Mientras tanto recorro este camino
el que tú nos dejaste al venir
y siguiendo tus pasos y el destino
que me lleve a tu casa a residir.

Esperando el perdón

No sé cuánto haya pecado
quizá jamás me di cuenta
hasta hoy lo he analizado
y quizá también hoy mienta.

Tal vez sea muy egoísta
o no lo había confrontado
y hasta hoy hice mi lista
y esperar ser perdonado.

Quise platicar con él
me dijo: espera un momento
yo estoy aquí desde ayer
mas esperaré a tu tiempo.

Aunque no hablo contigo
sigo siendo hombre de fe
y en vez de hablar escribo
como escribí una vez.

Quizá te vuelva a escribir
esa es mi forma de hacerlo
ojalá antes de partir
tal vez ya pueda expresarlo.

Ana Ma.

Anita, linda sonrisa
y tu alegría contagiante
aun si tú estás en misa
tu cara siempre sonriente
y tu libertad innata
con tu independencia plena
con eso nadie te ata.

En esta vida moderna
tú sigue con tu alegría
y ve as recorrer el mundo
quizá tu amor algún día
te acompañe en tu rumbo.

Mientras tanto, sé feliz
que tu familia con ansia
te extraña en la distancia
para verte sonreír.

Elena

Si te enamoro con textos
y un mensaje sencillo
sin mostrar mis sentimientos
sin ofrecerte un anillo
sin conocerme siquiera
sabiendo solo mi nombre
espero, y no se asombre
cuando de cerca me viera.

Solo sé tu nombre, Elena
y que Chihuahua es tu cuna
que tu plática es amena
y tu voz como ninguna,
que tus emojis me gustan
con tus mensajes sinceros
y que ahora los espero
pues todos a mí me encantan.

Un día me dices guapo,
otro día corazón,
me dices que no te espanto
si te canto una canción,
también me llamas chiquillo
otros días soy tu bebé
yo solamente te escribo
y ahí te lo hago saber

Nena

Dime si es que lo sabes
qué es lo que has hecho conmigo
porque viviendo en verano
si no estás tú, tengo frío
dime porque a mi vida
la has convertido en infierno
si tan solo eres mi amiga
y por ti casi ni duermo.

Ya muéstrame el camino
de cómo llegar al cielo
si yo no puedo encontrarlo
dime tú, porque me muero
y si soy tu corazón
¿Por qué no estas a mi lado?
Sólo te escribo o te hablo
o te canto una canción.

Y sin corazón soy nada
y tu tan lejos de mi
mas así te llevo aquí
tan lejos, pero impregnada
ya llegará el momento
que te conozca mi nena
mientras llega, más te pienso
y mi mente más te sueña.

Poema a ti

Por hoy sólo buenas noches
hoy la noche está muy fría
pero el cielo es infinito
y mañana es nuevo día.

Que tus sueños sean deseos
y tu descansar profundo
que se cumplan tus anhelos
para conquistar el mundo.

Hoy el día es más brillante
el mes apenas comienza
el año está por delante
y el día trae más sorpresa.

Que el optimismo te invada
que estos días sean más bellos
porque la vida no acaba
si siempre tenemos sueños.

Y tomate un buen café
lee un libro interesante
dale un descanso a tu mente
y olvida lo que no fue.

Y que en la noche una estrella
te acompañe hasta tu hogar
y que vuelvas a soñar
porque la vida es muy bella.

Judith

El 19 de Julio se acerca
ya casi está por llegar
y si no te tengo cerca
por ti voy a celebrar.

Y aunque no estés conmigo
sé que no estamos distantes
porque a diario yo te escribo
y así estamos presentes
y el día que nos encontremos
ya lo estoy esperando
no sé qué tu estes pensando
pero ese día lo sabremos.

Ya faltan muy pocos días
solo el WhatsApp nos conecta
por eso aquí en mi cuenta
escribo mis alegrías
solo una cosa es muy cierta
ese día es pa' celebrar
y casi está por llegar
y será un día de fiesta.

Yolanda

Te conocí en un café
me impresionó tu grandeza
y tu cabellera extensa
y frente a ti me senté.

Tu platica fue amena
se pasó el tiempo volando
y se nos fue la mañana
así tú y yo charlando.

Y luego verte a mi lado
te expresé lo que sentí
porque nunca lo viví
ni jamás lo había pasado.

Más, sin embargo, a gusto
tu compañía y tu presencia
y estos días de ausencia
te miraré con más gusto.

Yolanda tu nombre hermoso
y tu apellido aún mas
por dentro no te conozco
quizás más bella serás.

Klauss

Me voy, no te conocí
siempre estuve presente
quise mirarte de frente
más nunca te convencí.

Te escribo una vez mas
te mando el ultimo texto
pues ya no encuentro pretexto
para volverte a llamar.

El silencio es respuesta
y yo no tengo cabida
en ser parte de tu vida,
al no abrirme la puerta.

Agradezco este tiempo
por contestar unas veces
agradecería lo expreses
si no, de verdad lo siento.

Te deseo felicidad
te expreso mis emociones
son parte de mis pasiones
y me voy ya que más da.

Klauss II

Me dio por escribirte un verso
aunque tu nombre no rima
de esos, no hay en cada esquina
a ver que escribo con eso.

¿Qué puede rimar con Klauss?
aquí no encuentro palabras
quizá escuche algo más
si mi inspiración me habla.

Isordia quizá lo encuentre
esto escribir es de loco
y tu nombre está presente
aunque te conozco poco.

Muy poco lo que te digo
no sé nada más de ti
sin conocerte te escribo
porque lo siento así.

Cinco versos esta vez
y si me habla la almohada
quizás escriba, o tal vez
mañana no diga nada.

Otro poema

Quizá no sea tu sueño
tampoco quien te lo quite
tal vez yo mucho me empeño
quizá no es lo que quisiste.

No fui parte de tu historia
fui unas líneas en tu libro
aunque en el mío aun te escribo
pensando escribir la gloria.

Quizá te siga escribiendo
quizá lo guarde conmigo
y lo pondré en mi libro
que a diario estaré leyendo.

Quizá estuvimos muy cerca
quizá el corazón no supo
o ya no había cupo
o no quiso abrir la puerta.

Tal vez no era el momento
o yo, el hombre indicado
no importa no me arrepiento
de lo poco que te he dado.

Se me ocurrió este deseo

Y te quiero libre, pero mía
Y que vueles lejos y seas tú,
Pero que vuelvas siempre, cada día
Como las olas de este mar azul.

Que siempre tengas tu criterio
Que nadie decida tu emoción,
Pero compartas todo eso a diario
Conmigo y sea tu decisión.

Y puedas viajar por todo el mundo
Y que un día sea yo tu compañía,
O tu sola en planeta redondo
Para que vuelvas conmigo cada día.

Que escuches música de toda
Que leas libros para ti,
Y si tienes mil amigos de sobra
Que les digas que pertenezco a tí.

Y si escuchas muchas opiniones
Que si alguien quiere influenciarte
Que tú les digas: Gracias, ya soy fuerte,
Y yo elijo mis pasiones.

Y te quiero libre, no atada,
Mas los dos así por el camino
Que nos ate sólo el destino
Y disfrutar, que la vida acaba.

Carmen

Y me dio gusto mirarte
que me impresionaste toda
y fue la cita tan corta
pero me gustó escucharte,
se me hizo muy corto el tiempo
más un café es suficiente
y disfrutar el momento
y así recordarlo siempre.

Espero verte muy pronto
aunque sea en la pantalla
y si tenemos más suerte
caminar sobre la playa,
nos tocó el tiempo peor
para disfrutar los días
ya vendrán más alegrías
y habrá un tiempo mejor.

Por hoy, Carmen, me despido
que tu noche sea agradable
tal vez otro día te escribo
o ser feliz con que te hable,
que sueñes con tú sabes
y vivas como tú quieres
despiertes como debieres
y alegre como las aves.

Gracias

Gracias por las historias
por los días, sueños y las noches
porque creo hoy, no hay reproches
y solo nos quedan las memorias.

Gracias por toda la enseñanza
porque a pesar de haber fallado
también hay una gran confianza
y espero no haya terminado,
porque esto nos ha hecho crecer
nos dio las llaves del futuro
por fin nos hizo comprender
que no es todo tan oscuro.

Algún día quizás no habrá dudas
habremos tal vez ya superado
y perdonado todas las culpas
y dejar todo en el pasado.

Será más fácil, eso espero
habrá un futuro allá adelante
y serás feliz, es lo que quiero
si es que yo me encuentro distante,
más, si el destino nos lleva
hacia el mismo camino
espero estar contigo
y que esto jamás se muera.

En secreto

Tan loca como bonita
con su cara angelical
y me decía cosita
nunca te voy a dejar.

Quizá su miedo más grande
sea siempre al qué dirán
por eso siempre su nombre
por hoy no conocerán.

Y la adrenalina sube
cuando se vive en secreto
y se mantiene en silencio
mientras llega su momento.

La edad es lo de menos
y la distancia es más corta
y los años se hacen menos
cuando a los dos nos importa.

Por eso crece callado
y la emoción se acelera
cuando estás a mi lado
vale la pena la espera.

Erick, Tania, Kevin

Mami, por ti somos cuatro
pero juntos solo uno
y para ti a lo más alto
llegará nuestro destino.

Mami, yo soy muy chiquito
pero un día te elevaré
y te pondré allá muy alto
y también te cuidaré.

Mami, por ti seré alguien
y orgullosa tu estarás
y junto con mi hermanito
te querremos más y más.

Mami, yo soy el más chico
y el último que te cuide
y el que jamás te olvide
y hoy ya somos cinco.

Mami, por ti seré el padre
para ellos el deseado
y siempre estaré a su lado
en esta familia estable.

Angélica II

Angélica, bello nombre tienes
para que alguien se asombre
cuando a las dos admiraran
y tu corazón genuino
y tu alegría incomparable
con tu amistad amable
parecido a lo divino
no creo equivocarme
es esa mis percepciones
y no podría callarme
aunque sean emociones
irradias la luz del día
y brillas tú en la noche
caminas con alegría
y lo haces con gran derroche.

Soñar para vivir

Y la noche aun no acaba
falta el tiempo de sonar
esta hora es más larga
que invita a reflexionar
y agradecer por el día
y ver la luna brillar
esperar con alegría
lo que mañana vendrá.

En la oscuridad miramos
el alma que no se ve
y también nos conocemos
para ser mejor que ayer.

Despertar con nuevos bríos
mirando que el sol brilla más
y dejar que nuestros ríos
nos lleven hacia ese mar.

Y si un día nos vamos
hacia un lugar divino
disfrutemos el camino
al vivir lo que sonamos.

Mientras llega el momento

Sólo unos días faltan
y demostrar cuánto te amo
y jugarme esas cartas
decirte cuánto te extraño
como veinte días de vida
o quizás también de muerte
que nada sea a escondidas
y tenerte para siempre
y decirle a todo el mundo
que en mi mundo estás tú
que con sólo un segundo
a mi lado el mío es azul.

Esos días ya lo anhelo
en la playa junto a ti
y mirarte y sonreír
y decirte eres mi cielo
los dos mirando estrellas
o acostados en la arena
en esa playa serena
donde nunca hay tinieblas.

Nena te dice la gente
para mi eres bonita
quiero tenerte cerquita
y no solo en mi mente
te espero con muchas ansias
cómo esperé este tiempo
disfrutar nuestro momento
y acortar nuestras distancias.

Si no te vuelvo a ver

Y si no te vuelvo a ver
me quedará la ilusión
quizá no pueda creer
pero escribí con pasión.

Nenita el tiempo hoy es corto
no escribiré mil poemas
esta vez no lo soporto
mucho tiempo tus dilemas.

Por hoy te espero aquí
y te escribo otra vez
mañana quizás me fui
y jamás te vuelva a ver.

Te llevo conmigo

Y si pregunto al destino
que se espere una semana
mientras platico contigo
ahí, cerca de mi almohada.

Y te conozco de lejos
y te llevo más cerquita
mientras te miro en espejos
y que el tiempo es el que elija.

La distancia es más cerca
cuando se encuentra uno lejos
y el tiempo se acorta
y el destino es lo de menos.

Y de pronto te platico
en mis silencios que tengo
y en tu foto me entretengo
y así te llevo conmigo.

Para Marina

Marina, con tu elegancia
irradias la luz del día
y yo con mucha paciencia
espero mirarte un día.

Mañana será muy lento
y será un día muy largo
más la noche, sin embargo,
olvidará el sufrimiento.

Y el día será brillante
la noche tendrá más luna
las nubes por un instante
no tendrán lluvia ninguna.

Muy pronto te veo, Marina
por esta noche descansa
mientras la noche avanza
y el día se avecina.

Perdón

Hoy pequé de pensamiento
palabra, obra y omisión
y en este arrepentimiento
te pido sólo perdón,
no solo por este día
también por el día de ayer
por toda mi cobardía
por lo que dejé de hacer.

Si el pensamiento es pecado
día con día lucharé
sí en palabra he pronunciado
una ofensa hoy cambiaré.

Si mi obra no es suficiente
para iniciar mi proceso
de sanar mi alma y mente
y si no viste progreso
también de eso me arrepiento.

Perdón por ese suceso
de corazón me arrepiento
fue mi error en mi omisión
por días haber callado
por otros haber fallado
por eso pido perdón.

Noventa días de angustia
de noches de soledad
también días de alegría
también días de ansiedad.

Perdón pediré mil veces
cada día que te he ofendido
aunque prefiero las paces
y regresar hoy contigo.

Si el perderte es mi castigo
lo estoy pagando con creces
y esto hace ya tres meses
desde que no estás conmigo.

Dios me perdona y olvida
a ti lo haré cada día
con amor y con alegría
todo el resto de mi vida.

Angie II

Quizá hoy cambies mi futuro
lo dejo todo entre tus manos
ahora sí, ya estoy seguro
ahora sólo tengo sueños
quizá un beso cambie todo
y sea el principio de esta historia
y sea escrita a tu modo
pues junto a ti, será la gloria.

Los miedos ya se disiparon
ahora sólo hay esperanza
y yo te entrego mi confianza
hoy mis fantasmas ya se fueron
te ofrezco lo único que tengo
ser vulnerable ante tu vida
te escribo todo lo que siento.

Hoy ya eres parte de mi vida
seré un guerrero en nuestra lucha
y de por vida un protector
si un día tu corazón escucha
también sabrá que aquí hay amor
de mí, ayer te dije si
sólo te queda abrir la puerta
y me tendrás por siempre aquí.

Z Bea

Carta a Klauss

¿Y si te escribo de nuevo?
Aunque no sé si lo veas
o lo publico en mi libro
para que el mundo lo lea,
y que me juzguen de loco
quizá poeta o bohemio
y si, de eso tengo un poco
con eso tengo de premio
pero me inspira escribirte
aunque nunca haya respuesta
con saber que ya lo viste
para mí eso es lo que cuenta.

Hoy es un nuevo día
mañana la vida acaba
y transmitir más que nada
la emoción con alegría.

Que la luna en su camino
tus sueños hagan brillar
y el sol al despertar
te acompañe a tu destino.

Comienza tu día sonriente
ya terminó el ayer
hoy es un día brillante
porque volviste a nacer.

Sin ti, mas contigo siempre

Perdón por lo que causé
por jamás haberlo dicho
porque siempre lo callé
por jamás haberlo escrito
y el silencio lo empeoraba
y el alejarme fue peor
mis acciones confirmaban
que se iba un gran amor.

El orgullo me ganaba
el no sentir tu presencia
refugiarme en la ausencia
todo esto lo confirmaba.

Perdón por todo el pasado
por el presente también
y aceptaré la derrota
por no luchar cuando fue
por no abrir esa puerta
por no decir que te amé
perdón por ese futuro
que el destino nos depara
de sobra estoy seguro
que alguien vendrá a repararla
y me dolió tu partida
aunque hoy te tenga cerca
y nos separa una puerta
y nos divide la vida.

Mañana será otro día
serás feliz tú sin mi
lo deseo con alegría
te den lo que no te di
y me dolerá al mirarte
cuando otro este junto a ti
sería difícil mentirte
al verte un día tan feliz
y estaré hasta la muerte
contigo, pero sin ti.

Aunque ya no esté presente
por siempre estaré allí
cuando requieras mi mano
como familia estaré
siempre como ser humano
hasta el día que moriré.

Calaveras

Lucia y Santiago

La calaca vino un día
y se llevó a don Santiago
y el cielo hizo el milagro
pues allá doña Lucia
lo estaba ya esperando
y los nietos y sus hijos
y los demás familiares
y las nueras y amigos
hoy todos hacen altares.

Gracias a la calavera
que los reunió para siempre
y ahora aquí en la tierra
los recordamos por siempre.

Flaca, dile a doña Lucia
y avísale a don Santiago
que nos veremos un día
cuando todo haya acabado.

Janeth

La calaca apareció
y se llevó a una reina
ya nadie se sorprendió
pues la vida no es eterna,
aunque no tiene corona
aún es una princesa
y la flaca no perdona
aunque sea una belleza.

Ya se fue a otro mundo
se fue con la calavera
hay un dolor muy profundo
alguien falta aquí en la tierra.

Y sus amigas se alegran
y se van a celebrar
y antes que venga la flaca
dicen, vámonos a tomar,
ya se fue a otro reino
y aquí tiene su altar
este sí será eterno
y nadie lo va a olvidar.

Te fuiste Janeth Corona
muy cerca de tu mamá
disfruta de su persona
muy cerca del más allá.

Raza deportiva KwKw

La muerte anunció a su modo
se murió raza deportiva
pero nació hoy tu liga
y les dijo a todas juntas
los escucharé a diario
será el mejor de la radio
si fracasan voy por todos.

Llego a entrevista la flaca
y que pregunta por su amigo
Rafa y Mario de testigo
y que se lleva al Rakata
la huesuda dice al Rafa
y te lleva a ti también
voy a buscar otro guey
que ocupe esta plaza.

También el pato esta triste
junto con Armando Aguayo
pues Hallim hoy ya te fuiste
y hasta Rafa ha llorado.

Para Angélica

La flaca vino este día
y al pasar por Riverside
no se podía olvidar
que aquí nadie la quería.

Pero ella miró a una dama
muy bella y angelical
dijo, la voy a llevar
cuando la miró en su cama.

Las feas están a salvo
pues se llevó a este angelito
por más que pegó un grito
ella cumplió con su encargo.

Hoy la calaca es feliz
porque al llegar al infierno
ya no volverá a venir
pues tiene un ángel eterno.

Tus hijas están felices
tus hermanas celebrando
y todas están tomando
frente al altar donde existes.

Ana Ma (2)

Anita, ya te moriste
y se fue tu alegría
y todo el mundo esta triste
pues alegrabas su día
y en tu iglesia ya no cantas
ni ya tocas ese bajo
ni la calaca te espanta
ni te preocupa el trabajo.

Hoy tu sonrisa es más grande
ya con tus nuevos implantes
la huesuda se sorprende
pues sonríes como antes
tu mamá tiene tu altar
donde no falta tu coca
y tu papa toca y toca
y sigue con su cantar.

Salúdame a la flaca
un día estaremos ahí
mientras tanto, desde aquí
espero por la calaca.

Bertha

La parca llegó al desierto
Se llevó a una chaparrita
y dijo: ya es su tiempo
ya me llevo a la Bertita
¿Y quien cuidara a mi Luna?
Le preguntó a la calaca
si ya no usa la cuna
su mamá es la que se encarga.

Ya te fuiste al cementerio
no te extraña tu familia
y allá donde todo es serio
tu llevarás la alegría,
ya no cortarás más pelo
pues tiene envidia la flaca
y eso le cansa el celo
por pelona y por calaca.

Te la llevaste al pozo
junto al sueño mexicano
de ver al peje con gozo
gobernando a sus paisanos.

Me guardas un lugarcito
pa' cuando llegue mi día
yo me quedo aquí un ratito
tu sigue con tu alegría.

Matty

Matty, ya te moriste
se te apareció la flaca
y nunca me conociste
pues te llevó la calaca.

Ya no te saludo a diario
ni te deseo buenas noches
pero tu altar tendrá a diario
recuerdos y no reproches.

Desde Pasadena tienes
tus nietos que no te olvidan
y tus hijos siempre vienen
al altar todos los días.

Un día te vere allá
salúdame a la parka
que un día con la flaca
estaré en el más allá.

Omar y Argelia

Se murió Omar y Argelia
ya nadie escucha el show
pues vino la calavera
y a los dos se los llevó,
ahora sólo hay recuerdo
ya se murió la K Love
y la flaca ya partió
y la radio quedo muerta,
el nene ya se calló
también se lo llevó la parka
las New desapareció
y el máster ahora canta
con Christian y el DJ
mas luego vino la flaca
y se los llevó también.

Marina

Ya te me fuiste, Marina
se te apareció la flaca
y te fuiste de catrina
porque así te ves más guapa.

Te llevó la calavera
desde tu rancho en Covina
tu restaurant no hay cajera
ya nadie recibe propina.

Y tu arte de diamantes
te lo llevaste al pozo
y el cementerio es brillante
esta muy lleno de gozo.

La flaca no se equivoca
y se lleva a tu caballo
ahora en esa galopa
y cabalga como un rayo.

Verónica C.

Llegó este día la flaca
muy cerca de San Fernando
y se llevó a esta loca
allá pa su camposanto
el gym se quedó muy triste
y sus amigas la buscan
mi Vero, hoy si te fuiste
y hoy tus videos asustan
desde haya en el cementerio
transmite todos los días
hasta Javivi esta serio
y Marcianos con alegrías
¿Ahora a quien saluda?
Cuando transmita en vivo
la parka y la huesuda
solo ellas están contigo
no necesitas gimnasio
ahora estas muy flaca
hoy si puedes ya comer
pues siempre serás calaca.

Fin de las Calaveras

Simplemente Inmortal

El sol buscó otro horizonte
y nacieron las estrellas
luego nació un día nuevo,
más, después murió otro día.

Los de ayer ya se alejaron
y el ave cambió de nido
y los árboles cayeron
pero tu sigues conmigo,
porque eres inmortal
tal vez tu ya me olvidaste
pero yo, ¿Cómo lo consigo?

Eres mía y no te tengo,
si eres de otro, no lo sé
tan lejos y, sin embargo,
te siento cerca de mí.

Y se murieron las rosas
y el mar se fue de la arena
todo se muere ¿y tú?
tú te quedaste aquí adentro
y renaces cada día, como si
fuera algo nuevo.

A pesar de que estas tan lejos
la distancia es más corta,
y te miro en otra gente
y te veo sonreír
hasta te tengo en mis brazos
mas, te vas a despertar
y te tengo y te vas
y te vas y no te has ido
porque te recuerdo aún,
aunque ya no estés conmigo.

Si todo muere en silencio
¿Por qué no sales de mí?
Como el viento que se va
aquella luz que termina
o el humo que se esfuma
y no regresa ya más,
pero todo esta callado
y tu regresas aquí
y te miro en una copa
como la luna en el mar
y te mato y pido otra
y el mar te vuelve a pintar.

Y de nuevo me pregunto
¿Quién te hizo inmortal?
Y en silencio me contestó,
Yo, pues te quiero más.

Cuando llegaste tú

Dime, ¿son suficiente unas rosas?
Y tomarte de la mano
decirte miles de cosas
y entre ellas que te amo.

Ya te escribí otros versos
y te puse en un pedestal
ya soñé con darte un beso
sin embargo, tú no estás
y te canté una canción
y te lloré en silencio
hay veces que me arrepiento
que hasta odio al corazón.

¿Por qué llegaste a mi vida?
Si yo no te lo pedí,
ahora cura esta herida
o déjame ya morir
no es fácil vivir así
el corazón no me miente
desde el día que te vi
también entraste en mi mente.

Ya no te puedo olvidar
¿Por qué ahora? Me pregunto,
si ayer tú no existías
¿Será esta una tontería?
O tal vez yo sea el tonto
solo sé que entraste en mí
y olvidarte ya no puedo
por eso al verte de nuevo
soy el hombre más feliz.

Cuando salga de Jalisco

Cuando salga de Jalisco
te voy a llevar conmigo
y el tequila es testigo
que te nombro a cada grito.

Si tomo agua de la llave
también canto sus canciones
y expreso mis emociones
y que esto no se acabe.

Con tus ojos tapatíos
les presumo a mis amigos
cada que escucho el mariachi
y esta banda de Jalisco.

Mi güerita Tapatía
un día bailarás conmigo
cuando esta banda se venga
pa' los Estados Unidos.

Viva el agua de la llave
y con su #Tequila doble
nunca olvidaré tu cuerpo
bailando toda la noche.

Y un día vuelvo a mi Jalisco
allá a las fiestas de octubre
y al tomar #Tequila doble
y a quedarme allá contigo.

Para Judith

Hace tres días te vi
y parece casi un año
me gusta tu nombre, Judith
y ahora sé que te extraño.

Ahora estas muy presente
aunque no te tenga cerca
te tengo aquí en mi mente
y eso es lo que cuenta.

Y si a diario no te escribo
siento que me haces falta
y te llamo y te lo digo
porque el silencio me mata,
y cuando sientas lo mismo
me gusta escucharte eso
y sueño con darte un beso
yo sé que sientes lo mismo.

Quizás muy pronto te vea
si no te veo, te sueño
y mientras, sólo te extraño
espero usted me crea.

Para Angie

Y me despertó un sonido
que me hizo ver mi sonrisa
luego despierto de prisa
y el sol estaba dormido
y vi un mensaje de nuevo
y eras tú por la mañana
y en la mañana no duermo
porque mi mente te extraña.

Si estoy dormido eres tú
y si despierto te escribo
y si el sol no ha salido
el día lo iluminas tú.

Tu eres el despertar
el motor de mi alegría
y lo primero en pensar
al comenzar cada día.

Y en la noche me despido
aunque el corazón me miente
porque te llevo en mi mente
aún estando dormido.

Mi muerte por ti

Te escribí tanto, tanto
que me cansé de seguir
de seguirte esperando
y preferí hoy morir.

Aunque hubiera querido
matarte dentro de mí,
pero cuando no he podido
me moriré yo por ti.

Que me importan ya las noches
y los días más hermosos
todo terminó ahora
ya comienza el año nuevo
tal vez todo fue un juego
y tu jugaste conmigo.

Solo sé que un día te quise
aunque hoy no esté contigo
mas, como eso, ya no importa
me voy como el año viejo
que no regresa jamás.

No tendrás más que sufrir
como lo hice contigo
quien fue más que tu amigo
hoy se acaba de morir.

Un tesoro de mujer

Mujer alta, blanca y bella
tú que opacas más mujeres
porque brillas cual estrella,
tú que engañas, nunca quieres
y es que formas un tesoro
esos labios de rubí,
tener esos rizos de oro
y tus ojos de esmeralda
pero, quien te quiere amar
al momento es derrotado
su vida es sufrir, llorar
porque ama y no es amado,
yo deseo ser engañado
una vida fuera corta
con tal de estar a tu lado
si no me amas ¿Qué importa?

Hoy destrozas corazones
pero un día sufrirás
cuando sepas qué es amar
o cuando alguien te traicione
entonces comprenderás que;
amar y ser amado,
son dos cosas diferentes
una estará contigo
la otra estará ausente
juntar las dos es difícil
y sufrirás para siempre.

Ingratitud

Cómo quisiera que el tiempo
al igual que tu presencia
se las llevara el viento
y a ti sea la distancia
para que pases volando
y tú te vayas muy lejos
donde por siempre mis ojos
no puedan seguirte viendo.

Porque me cansé de todo
lo que más quise en mi vida
y ahora quiero estar solo
en cualquier isla perdida
y escribirles a las flores
como lo hice contigo
para ver si así me olvido
de tus ingratos amores
a los que todo se entrega
por eso quedé sin nada,
que fue lo que tú me diste
junto con la puñalada
aquel día que partiste.

Ocho palabras

Un día con ocho palabras
me iré sin decir adiós
dejando atrás este mundo
imposible de entender,
me voy para no volver
dejando atrás todas ellas.

Me muero para nacer
y vivir en las estrellas,
por ti no vuelvo a existir
aunque nunca existí,
más muero para vivir
porque vivo ya estoy muerto.

A unas dejé mi alma
a otras, mi corazón
a unas más di mi cuerpo
otras más, mi gran pasión.

A ti te entregué yo todo
a cambio yo nada tengo
por eso hoy, que yo muero
me llevo sólo el recuerdo.

Atrás yo dejo mi vida
mis poemas como historia
se va un poeta bohemio
a buscar por fin la gloria
con estas ocho palabras
me voy sin decir adiós.

(?)

Sobre el Autor

Diego Corona, nacido un 13 de noviembre en Zapotiltic, Jalisco, vecino de ciudad Guzmán y frente al volcán de Colima, de familia campesina, hijo de Santiago Corona y Lucía Gazpar, siendo cuatro hermanos y cuatro hermanas.

Inició sus primeros estudios de primaria en el pueblo, y emigró de niño a la capital de Jalisco, Guadalajara (gracias a la hermana mayor). En esa ciudad fallece su madre, siendo aún niño y cambiando el destino de toda la familia.

Pasa su niñez y juventud en Colonias del sector Libertad, de Guadalajara y desde muy joven comienza a trabajar de aprendiz de joyero (única profesión hasta el día de hoy), y alternando el trabajo con sus estudios de secundaria para varones, frente al penal de Oblatos, donde el destino le daría el privilegio de conocer al papa Juan Pablo II cuando visitó la ciudad y llegó a ese penal. Continuó el estudio y trabajo de joyería, siguió el bachillerato en la Preparatoria #2 Mixta, donde pasó sus primeros años de juventud y conoció a Lety, su primera novia.

Quiso continuar sus estudios universitarios, pero el destino no lo permitió, al no poder ingresar en dos ocasiones. Con la invitación de una hermana y su ayuda, emigra a Los Ángeles, California en 1984, como muchos otros, cruzando por Tijuana.

Con la profesión de joyero, inicia trabajando en una fábrica como montador (Stone setter) y ahí conoce a su esposa y madre de sus tres hijos, y siguiendo el sueño americano, adquieren su primera casa, pero una recesión económica y devaluación de propiedades, se pierde el primer patrimonio, mas con el apoyo familiar y mucho esfuerzo, se adquiere otra vivienda que se mantiene hasta hoy.

Nuevamente en esta ciudad trabajando en el centro de Los Ángeles, el papa Juan Pablo II pasa por la calle Broadway, y por segunda vez lo admira a su paso hacia el estadio de los Dodgers.

Siguió trabajando en esa fábrica, pero ya como trabajador independiente se adquiere el primer taller de joyería, donde sufriría asalto y robo, el cual lo llevaría a buscar otro empleo de joyero en Redondo Beach tres días y otros tres días en Hermosa Beach.

Debido al retiro de los dueños de la tienda y el incremento del valor de la propiedad se presentaría la oportunidad de adquirir la tienda de Redondo Beach, siendo así la fuente de trabajo para él y su hijo menor (el otro hijo es chef y la mayor es enfermera).

Siguiendo el sueño de ser joyero de profesión, sigue ahí hasta que llegue el retiro y seguir escribiendo.

Made in the USA
Las Vegas, NV
24 January 2024

84750443R20098